JACOB,

EX-DÉPUTÉ

A LA CONVENTION NATIONALE,

A SES ANCIENS COLLÈGUES

DU CORPS LÉGISLATIF.

En réponse à une diatribe présentée sous le nom d'adresse au Conseil des Cinq Cents, par Leclerc-Saint-Aubin.

DANS le nombre des désagrémens dont la carrière d'un législateur est parsemée, celui d'avoir à répondre et à repousser les calomnies n'est pas le moins pénible. Les vouer au mépris le plus profond, seroit sans contredit le parti le plus sage qu'on pourroit prendre ; mais peut-il toujours convenir à celui que la confiance publique a élevé à une place distinguée ; ne doit-il pas assez se considérer lui-même pour être prêt à rendre compte de ce qu'il a dit et de ce qu'il a fait ? C'est ce que je crois, ou du moins ce qui m'a guidé.

Leclerc-St.-Aubin se plaint d'une injustice qu'il dit lui avoir été faite. Destitué des fonctions de commissaire à la comptabilité, par un arrêté du pouvoir exécutif du 12 ventose an 2e. et par uu décret du 4 ventose an 3e. Il m'impute cette destitution à laquelle je n'ai cependant eu d'autre part que comme chargé de porter à la Convention nationale le vœu entier du comité dont j'étois le membre.

Il m'accuse aussi, et cela me regarde plus directement d'avoir soustrait des cartons du comité, des pièces qu'il avoit produit ; d'avoir été le colporteur des dénonciations d'un *misérable* juré du tribunal révolutionnaire de Robespierre.

Il est aisé de répondre à ces inculpations. Les pièces sur lesquelles le rapport a été fait existent au comité dans le même état et dans le même nombre qu'elles ont été produites ; il n'en a été retiré que mon rapport, qui est à moi et qui n'en faisoit pas partie. Il n'est sorte d'efforts ni de démarches que Leclerc-St.-Aubin n'ait fait pour pouvoir retirer ces pièces et les supprimer, et il n'est aucunes précautions que je n'aie prises pour les faire conserver. Ce qui arrive aujourd'hui démontre si j'ai eu tort ou raison, puisque c'est à l'aide de ces pièces que la vérité doit luire.

Je n'ai jamais vu ni connu aucun juré du tribunal révolutionnaire de Robespierre, ni d'aucun autre tribunal, ni devant ni après lui ; et personne autre que Leclerc-St-Aubin ne peut dire que j'aie eu la moindre relation quelconque avec aucun juré. C'est mentir impudemment que d'oser avancer que j'aie été le colporteur d'un homme vraisemblablement à connaître ; car, je le répète, je n'en connois aucun qui soit juré.

3

Si je n'ai pas été conservé dans le sein du corps législatif, je ne crois pas pour cela en avoir été rejetté, comme le dit Leclerc-St-Aubin. C'est au témoignage de mes anciens collègues dont je crois avoir mérité quelque estime, que j'en appelle, et non au dire de Leclerc-St-Aubin C'est donc comme il le dit, parce qu'il m'a vu inscrit sur la liste des candidats pour commissaire de la comptabilité, qu'il a cru seulement à cette époque devoir distribuer le poison de la calomnie la plus insigne. Je pouvois prétendre à cette place ; mais que Leclerc-St-Aubin justement et légalement destitué par le pouveir exécutif, et par un décret de la Couvention prétende aussi avoir des droits à cette nomination ; il n'est personne, alors, qui ne convienne qu'avec de l'audace on peut tout entreprendre.

C'en est assez pour ce moment, je me reserve bien expressement de me pourvoir, comme je dois le faire, contre l'accusation d'avoir soustrait des pièces etc. pour cet instant. Nous allons être jugés tons les deux ; mon rapport que je prends le parti de faire imprimer, ainsi que l'arrêté du comité, ne laissera plus aucun doute sur la conduite de l'un et de l'autre je ne peut trop inviter mes anciens collègues à m'accorder leur attentition.

———————

A 2

Rapport fait à la Convention nationale le 4 ventôse l'an 3, au nom du comité des finances, section de l'examen des comptes, sur le demande en réintégration du citoyen Leclerc-Saint-Aubin.

La Convention nationale, par son décret du 10 pluviôse dernier, a renvoyé au comité des finances une pétition du citoyen Leclerc-St-Aubin pour en faire le rapport incessament.

L'objet de cette pétition est de le réintégrer dans la place de commissaire de la comptabilité dont il avoit été destitué par un arrêté du conseil exécutif provisoir du 12 ventôse de l'an deuxième, et de lui allouer son traitement depuis l'époque de sa destitution. Vous avez à statuer sur l'existence civile d'un père de famille, sur le degré de confiance que doit le rendre à l'administration dont il faisoit partie, ou sur l'immoralité qui l'en doit tenir éloigné.

Votre comité voudroit vous épargner des détails bien fastidieux ; des plaintes consignées dans toutes les pétitions de Leclerc-St-Aubin, sur les vexations qu'il dû avoir éprouvées : il voudroit pouvoir se dispenser de vous présenter une administration entière, inculpée par lui, d'infames calomnies, de basses intrigues, de dilapidations, malversations, et de plusieurs atrocités de pareille nature.

Mais obligé de rompre le silece, votre

comité n'est plus le maître d'ensevelir dans l'oubli des vérités pénibles à entendre. L'intérêt de la nation, l'honneur des parties, el la plus stricte impartialité lui font un devoir de vous soumettre tous les renseignemens qui peuvent jeter le plus grand jour sur une affaire qui mérite vôtre attention, et dont je n'abuserai que le moins que je pourrai.

Leclerc-St-Aubin, nommé commissaire de la comptabilité, au mois d'août 1792, fut arrêté au mois brumaire l'an 2, par ordre du comité révolutionnaire de la section Matat. Il fût pendant quelque tems détenu dans la maison d'arrêt de cette section, sans que les motifs de son arrestation fussent connus.

Une analogie de noms, avec un nommé Aubin impliqué dans le procès contre-révolutionnaire de Laverdy, le fit traduire le 17 frimaire suivant au tribunal. L'erreur de personne ayant été reconnu, le tribunal, par un jugement de la chambre du conseiel du 12 pluviôse l'an 2, déclara qu'il n'y avoit pas lieu à accusation, et le mit en liberté.

Leclerc-St-Aubin reprit alors ses fonctions à la comptabilité sans aucune difficulté. Il fut peu après dénoncé à ses collègues comme un homme de mœurs crapuleuses et coupable de plusieurs malversations dans l'exercice de ses fonctions. Il fut accusé de plusieurs faits, dont les plus graves étoient de s'être fait donner vingt-cinq louis pour la fourniture du bois du bureau de comptabilité, dont il avoit été chargé de faire faire la provision en

1793 ; d'avoir proposé à Fiévé et Dubreuil, commis, de leur faire adjuger un tas de papiers pour leur tenir lieu de grauifica-tion ; d'avoir enflé de 2500 liv. les dé-penses et frais d'un voyage dans le dépar-tement du Nord, pour le compte de la nation.

Les commissaires de la comptabilité, devant qui cette dénonciation fut portée, ne devoient pas se regarder comme juges ; mais ils ne pouvoient pas non plus de-meurer indifférens sur des inculpations qui attaquoient l'honneur de leur collè-gue pour fait d'administration : ils lui com-muniquèrent la dénonciation et les pièces jointes, et l'invitèrent à y répondre, et à faire auprès des tribunaux les démar-ches nécessaires pour obtenir la réparation qui lui convenoit.

Leclerc n'ayant fait aucunes diligences pour se la procurer ; s'étant contenté de lire une prétendue justification qu'il ne voulut pas laisser sur le bureau, les com-missaires, ne voulant rien prendre sur eux, adressèrent les pièces au conseil exécutif pour y statuer.

Ce fut sur le vu des pièces et des mé-moires respectifs, fournis par Leclerc et Fiévé son dénonciateur, que le conseil exécutif, composé des citoyens Gobier, Dalbazade, Paré et Destournelles, prirent l'arrêté suivant : « Le sonseil exécutif pro-» visoire, informé des plaintes portées » contre le citoyen Leclerc-St-Aubin, » commissaire de la comptalité, considé-» rant qu'elles sont de nature à inculper » gravement, et qu'elles nécessitent son

» remplacement, le destitue de ses fonc-
» tions de commissaire de comptabilité. »

De nouvelles dénonciations sélevèrent encore contre Leclerc, le comité révolutionnaire de la section Marat lançat contre lui le 19 germinal dernier un mandat d'arrêt, duquel il ne parvint à se soustraire qu'en se tenant éloigné. Ce mandat a depuis été annullé par un arrêté du comité de sûreté-générale du 22 frimaire dernier. Rendu à la liberté il a présenté quatre pétititions successives, tant à la Convention, qu'à ses comités des Finances, Salut Public, et Législation, pour être rétabli dans ses fonctions, et payé de son traitement depuis sa destitution.

C'est d'après ces pétitions que le comité des finances après avoir passé une premiere fois à l'ordre du jour sur la demande en réintégration, motivé sur l'arrêté du conseil exécutif, a cru sur une seconde pétition qui avoit pour but d'examiner les inculpations et prononcer sur sa demande en réintégration, et sur celle en payement de son traitement, devoir prendre un arrêté dont voici les termes. » Sur une pétition présentée par
» le citoyen Leclerc, qui demande que
» la section déclare qu'elle ne le trouve
» point inculpé. Par les dénonciations
» portées contre lui au bureau de comp-
» tabilité et au comité Révolutionnaire
» de la section Marat, les 22 et 30 plu-
» viôse, et qu'elle arrête qu'il reprendra
» ses fonctions de commissaire au bu-
» reau de comptabilité. »

» Vu ce qui résulte du jugement du
» Tribunal révolutionnaire du 12 plu-
» viôse; de l'arrêté du Comité de Sûreté-
» Générale du 22 frimaire dernier, et
» enfin d'un arrêté du Comité Révolu-
» tionnaire de la Section de Marat du 24
» frimaire, aussi dernier; et entendu que
» la Section n'a eu connoissance d'aucune
» autres dénonciations contre le citoyen
» Leclerc, que celles ci-dessus dattées
» et sur lesquelles il a été statué par les
» dits arrêtes et jugemens, la Section
» passe à l'ordre du jour sur le premier
» objet de demande du citoyen Le Clerc,
» et sur le deuxième elle ajourne. »

C'est dans cet état que la Convention doit prononcer. Pour la mettre en état de le faire avec connoissance de cause, il convient de mettre sous ses yeux les motifs de reclamations et d'y appliquer en même tems les réflexions tirées des pièces et des renseignemens que le comité s'est procuré, sur toutes les parties de cette affaire.

Leclerc appuie ses demandes sur les loix des 4 mai 1793, et 8 ventôse an 2e.

Ces loix n'ont nulle application aux cas particulier; les causes de sa première détention, de même que celles de la seconde, n'ont nulle analogie aux fonc-tions qu'il exercoit à la comptabilité, elles leur sont absolument étrangères; on se rappellera qu'il s'agissoit de pré-tendues liaisons avec Laverdy, que sur l'équivoque du nom de Saint - Aubin, il avoit été arrêté; toutes ses détentions portoient sur des faits contre-révolution-

naires, sur lesquels le tribunal et le comité de sûreté-générale ont statuées. La
mise en liberté qu'il a obtenu en prou-
vant qu'il n'avoit pas commis de délis
contre - révolutionnaire démontre qu'il
n'avoit pas été traduit devant aucunes de
ces autoritées pour des faits relatifs à ses
fonctions.

L'arrêté du conseil exécutif provisoir,
porte au contraire sur des inculpations
graves et inherrentes à la place qu'il oc-
cupoit : c'est en vertu de la loi du 29
septembre 1791, qui lui donne le droit
de nommer à une place et de destituer,
qu'il a prononcé ; c'est sur la vu des
pièces qu'il s'est déterminé. Il a aussi
consulté la moralité du citoyen Leclerc,
et ce que je vais dire dans un moment
va prouver que sa destitution n'étoit pas
injuste

Si donc le conseil exécutif a prononcé
légalement en connoissance de cause
et en vertu des pouvoirs qu'il avoit
reçu : il s'en suit que ne pouvant
pas demander sa réintégration en exécution des loix du 4 mai 1793 et 8
ventôse de l'an 2e., puisque le jugement
du tribunal et l'arrêté du comité sûreté
générale ne statuoient à son égard que
sur des délits contre-révolutionnaires, il
ne peut pas suivre l'effet de sa demande
en réintégration en exécution de l'arrêté
du conseil exécutif qui l'a destitué légalement.

Mais ce ne sont pas, comme dit Leclerc,
des chicanes de procureurs, ce sont des
vérités, ce sont des principes établis sur

les lois ; si cela est comme il n'y a pas lieu d'en douter il ne reste plus que de savoir si en isolant pour un moment l'arrêté du conseil exécutif provisoir, le jugement du tribunal révolutionnaire, et l'arrêté du comité de sûreté générale, le citoyen Leclerc mérite par sa vie morale et politique la place qu'il reclame comme une suite de propriété dont on la dépouillé injustement. C'est ici que je vais entreprendre une tache pénible, bien faite pour mettre dans la contrainte une ame sensible, mais la vérité, quand elle est calculée sur l'intérêt public, ne connoît plus aucunes considerations.

Leclerc nommé comme je l'ai déjà dit en aoûst 1792, à la place de commissaire, ne tarda à se livrer à une irascibilité sans bornes, et à déceler des habitudes dont les excès n'étoient pas seulement insuportables, mais honteux, avilissans, et propres à désorganiser le bureau dont il étoit membre.

Ce n'étoit pas seulement dans des occasions réculées, ou la liberté jettant quelquefois sur la raison un égarement passager, que Leclerc-Saint-Aubin soubliot. Habituellement il se livroit à une intempérance qui portoit le désordre dans les assemblées du bureau ; c'est dans cet état qu'il prodiguoit à ses collègues les injures grossières répandues dans ses pétitions.

Ces excès obligèrent les membres qui composoient le bureau à mettre les séances au matin, au lieu de celles du soir, qui convenoient bien mieux à l'ordre du travail. Je ne peut pas trouver de contradictions sur des faits d'une publicité qui ne peut pas être contestée ; il n'est aucuns des douze commissaires, aucuns des commis, il n'est enfin aucuns de ceux que les affaires ont attirés à la comptabilité, qui ne puissent assurer la vérité de ce fait, vérité qui certifiée par plus de cent personnes, démontre déjà que Leclerc ne peut pas être admis à des fonctions qui par la nature du travail demandent l'opération d'une tête froide et rassisse.

Il est sans doute bien malheureux pour un citoyen dont les besoins multipliés, en raison d'une famille nombreuse, qui va partager la mauvaise conduite de son chef, d'être livré à une habitude qui l'éloigne nécessairement de toutes fonctions. On seroit porté à le plaindre et encore bien davantage les victimes innocentes qui ont à partager son sort, si à une crapulle honteuse il ne joignoit pas la méchanceté.

C'est sur ses collègues qui l'ont traité avec bonté pendant deux ans qu'ils ont eu a mener une vie pénible avec lui ; c'est sur ceux aux travaux desquels il demande aujourd'hui d'être associé, qu'il distille le poison de la plus noire calomnie.

C'est d'après ses pétitions au comité des finances qu'il dit de ses collègues, qu'ils sont des administrateurs infidèls *pour qui le crime est un besoin, l'intrigue un élément, qui n'imaginent que des projets sinistres dans leurs foyer contre-révolutionnaires :* ailleurs il les signale en les traitant de bas valets du tyran, d'aides-de-camps de Lafayette de Ronssin, de perfides qui trahissent la chose publique en retardant la confection du travail qui leur est confié, et en moindrissant les versemens qu'ils devoient faire à la trésorerie nationale. Le comité n'a pas pu trouver, non plus grace aux yeux de Leclerc; il n'a pas suivant lui usé de la surveillance qu'il devait avoir. (1)

Non il n'est pas possible de lire les imputations fèites aux commissaires de la comptabilité, sans être pénétré d'indignation, si elles sont sur-tout gratuitement

---

(1) Leclerc - Saint - Aubain vient encore dans son adresse aux conseil des cinq cents, de répeter contré les commissaires de la comptabilité les mêmes diffamations que celles répàndues dans chaque page de ses nombreux écrits ; c'est à eux dont j'ai la bonne opinion qu'ils méritent, à y répondre : ce sont eux, ce sont les commis du comité dont j'étois membre, ce sont mes anciens collègues de ce même comité que j'interroge.

C'est à eux, c'est à trente personnes dignes de foi et dont l'assertion vaut bien assurément celle de Leclerc-Saint-Aubin, qu'il appartient de décider mon rapport à la main, si il manque ou non aucune des pièces sur lesquelles il a été fait. Ils diront que ce n'est qu'avec beaucoup de répugnance que j'ai fait ce rapport ordonné par la convention; ils diront que c'est moi qui les ai engagé le 8 vendémiaire dernier, à ne pas envoyer au comité de Sûreté-Générale, la pétition et la lettre de Leclerc, dans lesquelles il osoit traiter les membres du comité de *royalistes et d'agitateurs de sections.* Ces pièces sont dans la même liasse.

faites. Ce n'étoit pas assez pour Leclerc de les avoir disseminés dans ses pétitions, il vient de les rendre publiques par la voie d'un journal qui n'a parlé que d'après lui et sur ses nottes.

C'est donc pour jouir du cruel plaisir de répandre des injures atroces que Leclerc a voulu diffamer les commissaires de la comptabilité. C'est après avoir attaqué leur administration qu'il s'est attaché á les poursuivre aussi sur leur alliance et sur leur parenté ; mais qu'importe à la convention les alliances et la parenté des commissaires de la comptabilité, si leurs talens et leur expérience les rendent dignes de la confiance de la nation : ne vivons-nous pas sous les loix de l'égalité ? Ne sommes-nous pas sous le règne de la justice et de la liberté ? Y a-t-il encore d'autres distinctions que celles des talens, des lumieres et de la probité ? Connoissons-nous d'autres classes d'hommes que celles des bons et des mauvais citoyens ? D'après le détail dans lequel une nécessité pénible a obligé d'entrer, je crois avoir démontré que Leclerc n'est pas dans le cas prévu et indiqué par les loix des 5 mai 1793 et 8 ventôse de l'an deuxième "que le conseil exécutif d'après les inculpations sur une partie desqu'elles il est resté assez de nuages pour arrêter la lumiere qui doit fixer l'innocence, d'après les preuves contenues dans les pièces l'a destitué légalement.

Envain, Leclerc d'après la lettre écrite au président de la convention, veur-il persuader qu'on a mis dans l'examen de son affaire une précipitation qui le prive de ses moyens de deffences. Des écrits volumineux donnés de sa part depuis six mois trois discutions sur cette affaire y ont apportés une maturité suffisante pour ne pas être accusé de précipitation. D'ailleurs il n'ignore pas que le comité qui a fait tout ce qu'il a pu pour éviter toute publicité, n'a pas été le maître de differer plus longtems un rapport qu'il devoit faire dans trois jours, et qu'il n'a proposé qu'un mois après.

C'est d'près ces considération que le comité des finances vous propose le projet de décret suivant.

La Convention nationale après avoir entendu la lettre écrite à son président par le citoyen Leclerc-Saint-Aubin et le rapport de son comité des Finances, sur les pétitions dudit Leclerc-Saint-Aubin, tendantes à être réintégré dans les fonctions de commissaire à la comptabilité dont il a été destitué par arrêté du consieil exécutif provisoire du 21 ventôse, an 2e., comme aussi d'être payé de son traitement depuis l'époque de sa destitution ; passe á lordre du jour.

J A C O B.

EXTRAIT du registre des arrêtés du comité des finances, section de l'examen des comptes, 18 vendemiare l'an 4 de la république, une et indivisible.

Vu la pétition de Leclerc-St-Aubin, avec sa lettre du 6 de ce mois :

Considérant, 1°. que les réclamations du pétionnaire ont été écartées par un décret de la Convention du 4 ventôse ; 2°. que le comité de législation a déja passé à l'ordre du jour sur la demande en rapport dudit décret ; et enfin que les allégations, contenues dans laditte pétition, tendantes à inculper le représentant Jacob, d'avoir fait un rapport, et proposé le décret du 4 ventôse de son mouvement particulier, et sans un examen préalable, soumis à l'examen du comité, sont fausses et calomnieuses, puisque la section a agité pendant plusieurs séances le s questions auxquelles pouvoient donner lieu les réclamations dudit Leclerc-St-Aubin, que Jacob n'a réellement été que l'organe du comité qui l'a chargé du rapport à faire à la Convention après le mûr examen de toutes les pièces.

Arrête pu'il n'y a pas lieu à délibérer sur ladite pétition.

Signés : GAROS *vice-president,* GUMMERY, LAMBARD-LACHAUX, POISSON, LEMOINE, LAURENT, ET HAVIN *secrétaire.*

A PARIS, de l'Imprimerie de GUERIN, rue des Boucheries-Honoré.

9 782011 782571